河南省地方标准

单元错齿式铸钢桥梁伸缩装置

Unit Staggered Tooth Cast Steel Bridge Expansion and Contraction Installation

DB 41/T 1345 —2016

主编单位:河南省交通规划设计研究院股份有限公司
河南省交通运输厅公路管理局
河南汇新工程科技有限公司
河南省收费还贷高速公路管理中心
郑州市公路管理局
郑州市交通规划勘察设计研究院
平顶山市公路交通勘察设计院
郑州市市政工程勘测设计研究院
驻马店市公路管理局
三门峡市公路局
河南一马路桥工程材料有限公司
批准部门:河南省质量技术监督局
实施日期:2017 年 03 月 29 日

人民交通出版社股份有限公司
China Communications Press Co.,Ltd.

图书在版编目(CIP)数据

单元错齿式铸钢桥梁伸缩装置 / 河南省交通规划设计研究院股份有限公司等编. —北京：人民交通出版社股份有限公司，2017.3

ISBN 978-7-114-12329-0

Ⅰ.①单… Ⅱ.①河… Ⅲ.①铸钢—桥—伸缩装置—研究 Ⅳ.①U448

中国版本图书馆 CIP 数据核字(2017)第 036783 号

河南省地方标准

书　　名：**单元错齿式铸钢桥梁伸缩装置**
著 作 者：河南省交通规划设计研究院股份有限公司　等
责任编辑：丁润铎　任雪莲
出版发行：人民交通出版社股份有限公司
地　　址：(100011)北京市朝阳区安定门外外馆斜街 3 号
网　　址：http://www.ccpress.com.cn
销售电话：(010)59757973
总 经 销：人民交通出版社股份有限公司发行部
经　　销：各地新华书店
印　　刷：中国电影出版社印刷厂
开　　本：880×1230　1/16
印　　张：0.75
字　　数：17 千
版　　次：2017 年 3 月　第 1 版
印　　次：2017 年 3 月　第 1 次印刷
书　　号：ISBN 978-7-114-12329-0
定　　价：18.00 元
(有印刷、装订质量问题的图书由本公司负责调换)

目　次

前　言

本标准按照 GB/T 1.1—2009 给出的规则起草。

本标准由河南省公路学会提出并归口。

本标准起草单位：河南省交通规划设计研究院股份有限公司、河南省交通运输厅公路管理局、河南汇新工程科技有限公司、河南省收费还贷高速公路管理中心、郑州市公路管理局、郑州市交通规划勘察设计研究院、平顶山市公路交通勘察设计院、郑州市市政工程勘测设计研究院、驻马店市公路管理局、三门峡市公路局、河南一马路桥工程材料有限公司。

本标准主要起草人：刘东旭、王学勤、惠涛、曹竞、王巨涛、马勇、高爱民。

本标准参加起草人：袁卫军、李斐然、刘静、李海湛、刘书萍、刘燕、关梁超、张圣建、宋新安、李国普、吴继峰、马转、张旭慧、杨林、陈锦星、王小勇、韩民、王东威、罗闯旦、银晓东、岳建光、马松江、薛纬华、魏俊锋、张宏展、夏富友、桑建设、杜俊旺、苏沛东、刘广武、梁西建、王奇、卫涛、张建龙、邵景干、朱彬、李向红、尚刚、宋勇、卢彦、牛路、王宝忠、张存超、翟天喜、张浩、王智勇、曾勇、李磊、刘兵伟、姜自奇、皇星星、陈艳阳、张美丽、闫丽霞、杨焕龙、曹伟、李娟、叶郁、安蕾、孙丽娟、龙志刚、邓军会、赵军、王亚奇、王场、刘晨、孙楠、马捷、付大喜、康健、楚斌、莫杰、葛梦澜、李进勇、陈宝柱。

单元错齿式铸钢桥梁伸缩装置

1 范围

本标准规定了单元错齿式铸钢桥梁伸缩装置的术语和定义、产品结构及代号、技术要求、试验方法、检验规则、标志、包装、贮存和运输。

本标准适用于伸缩量为 0 mm～240 mm 的公路、市政单元错齿式铸钢桥梁伸缩装置(以下简称伸缩装置)。

2 规范性引用文件

下列文件对于本文件的应用是必不可少的。凡是注日期的引用文件,仅注日期的版本适用于本文件。凡是不注日期的引用文件,其最新版本(包括所有的修改单)适用于本文件。

GB/T 699　优质碳素结构钢

GB/T 700　碳素结构钢

GB/T 1184　形状和位置公差　未注公差值

GB 1499.1　钢筋混凝土用钢　第 1 部分:热轧光圆钢筋

GB 1499.2　钢筋混凝土用钢　第 2 部分:热轧带肋钢筋

GB/T 1228　钢结构用高强度大六角头螺栓

GB/T 1230　钢结构用高强度垫圈

GB/T 1231　钢结构用高强度大六角头螺栓、大六角螺母、垫圈技术条件

GB/T 1591　低合金高　强度结构钢

GB/T 1804　一般公差　未注公差的线性和角度尺寸的公差

GB/T 10802　通用软质聚醚型聚氨酯泡沫塑料

GB/T 14408　一般工程与结构用低合金钢铸件

GB 50017　钢结构设计规范

HG/T 2814　溶剂型聚酯聚氨酯胶粘剂

JG/T 472　钢纤维混凝土

JTG D60　公路桥涵设计通用规范

JTG D62　公路钢筋混凝土及预应力混凝土桥涵设计规范

JTG F80/1　公路工程质量检验评定标准　第一册　土建工程

JT/T 327　公路桥梁伸缩装置

JT/T 502　公路桥梁波形伸缩装置

JT/T 892　公路桥梁节段装配式伸缩装置

YB/T 2011　连续铸钢方坯和矩形坯

YB/T 2012　连续铸钢板坯

3 术语和定义

JT/T 327 界定的以及下列术语和定义适用于本文件。

3.1

单元错齿式铸钢桥梁伸缩装置

为降低车辆通过桥面时的噪声和振动，并满足桥梁上部结构变形和抗震性能的需要，在桥梁伸缩缝处设置铸钢浇铸成型的、单元组装的、长短不等伸缩齿相互交错的伸缩装置。

4 产品结构及代号

4.1 产品结构

由若干标准单元组成，每单元长度宜为500 mm～1 000 mm，每单元由整体铸钢件、双组分溶剂型聚酯聚氨酯胶黏剂、聚氨酯耐老化聚合物、环形钢筋等组成。60(80)型伸缩装置的产品结构见图1，120(160、240)型伸缩装置的产品结构见图2。

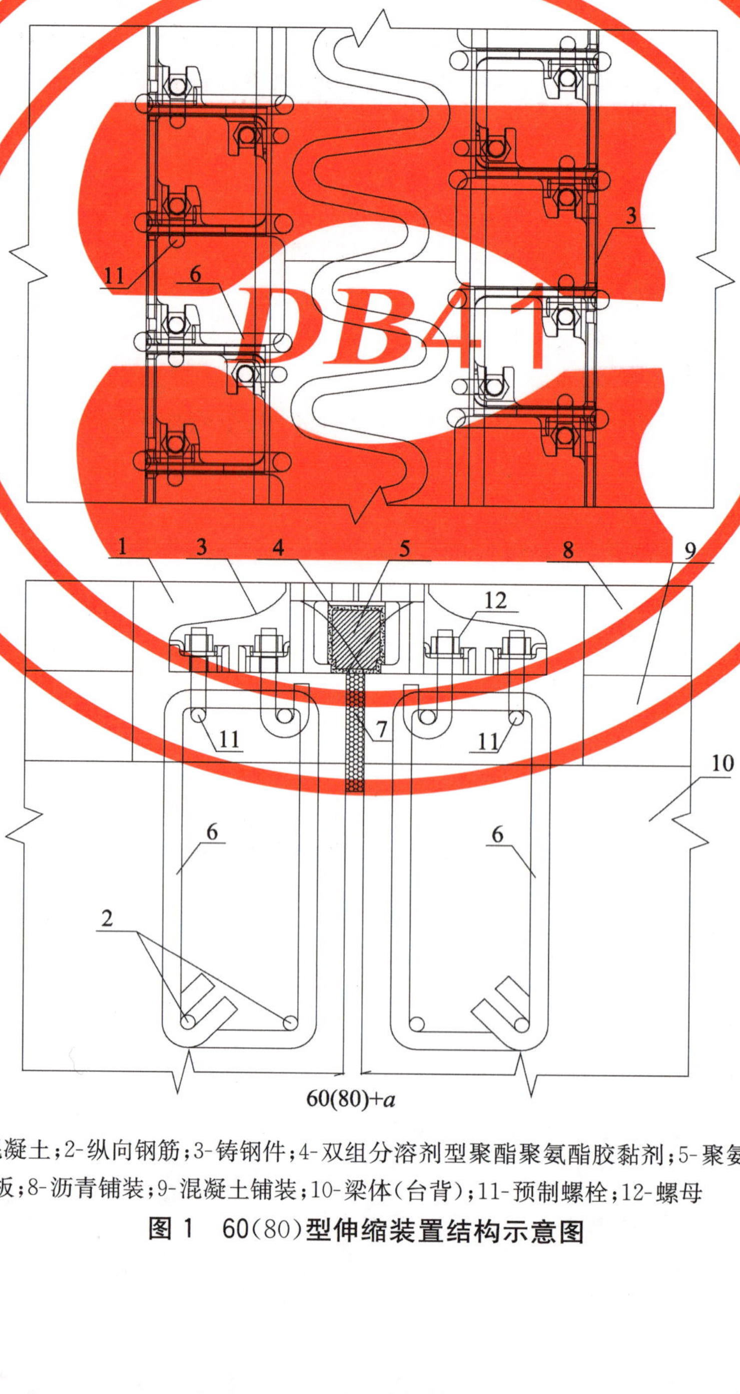

注：1-现浇钢纤维混凝土；2-纵向钢筋；3-铸钢件；4-双组分溶剂型聚酯聚氨酯胶黏剂；5-聚氨酯耐老化聚合物；6-预埋钢筋；7-泡沫板；8-沥青铺装；9-混凝土铺装；10-梁体(台背)；11-预制螺栓；12-螺母

图1 60(80)型伸缩装置结构示意图

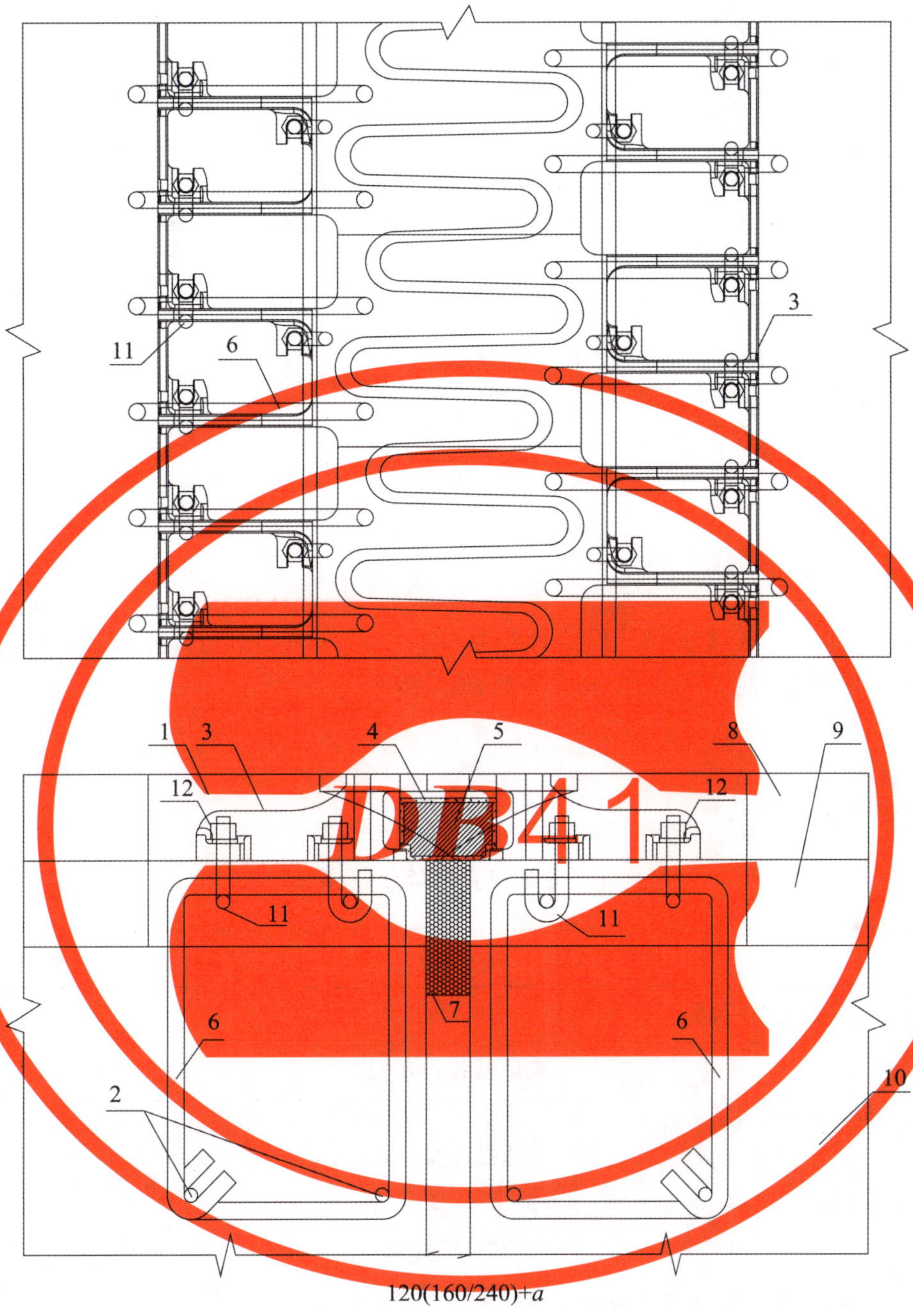

注：1-现浇钢纤维混凝土；2-纵向钢筋；3-铸钢件；4-双组分溶剂型聚酯聚氨酯胶黏剂；5-聚氨酯耐老化聚合物；6-预埋钢筋；7-泡沫板；8-沥青铺装；9-混凝土铺装；10-梁体（台背）；11-预制螺栓；12-螺母

图 2　120（160、240）型伸缩装置结构示意图

4.2　产品主要参数

伸缩装置的伸缩量分为：60 mm、80 mm、120 mm、160 mm、240 mm。

4.3　产品代号

产品代号表示方法如下：

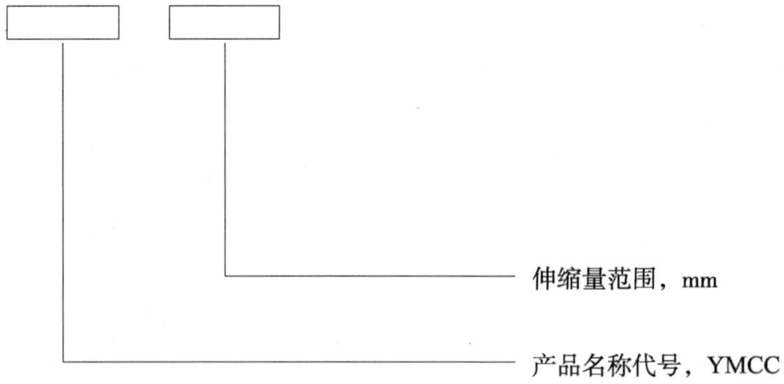

示例 1：伸缩量为 80 mm 的伸缩装置，其产品代号表示为 YMCC80。

示例 2：伸缩量为 160 mm 的伸缩装置，其产品代号表示为 YMCC160。

5 技术要求

5.1 设计

伸缩装置的结构设计，按 JTG D60、JTG D62 和 GB 50017 的规定进行计算和验算，确保结构各部件安全、可靠、耐久。结构设计应方便排水、易于更换、便于施工。

5.2 整体性能

伸缩装置整体性能要求见表 1。

表 1 伸缩装置整体性能要求

<table>
<tr><th>序号</th><th colspan="2">项 目</th><th colspan="2">性 能 要 求</th></tr>
<tr><td>1</td><td colspan="2">拉伸、压缩时最大水平摩阻力/(kN/m)</td><td colspan="2">≤5</td></tr>
<tr><td rowspan="3">2</td><td rowspan="3">拉伸、压缩时变位均匀性/mm</td><td>每单元最大偏差值</td><td colspan="2">±0.5</td></tr>
<tr><td rowspan="2">变位最大偏差值</td><td>伸缩量≤80</td><td>±1.5</td></tr>
<tr><td>80<伸缩量≤240</td><td>±2.0</td></tr>
<tr><td rowspan="4">3</td><td rowspan="4">拉伸、压缩时最大竖向偏差或变形/mm</td><td>伸缩量≤60</td><td colspan="2">0.2</td></tr>
<tr><td>60<伸缩量≤80</td><td colspan="2">0.3</td></tr>
<tr><td>80<伸缩量≤160</td><td colspan="2">0.4</td></tr>
<tr><td>160<伸缩量≤240</td><td colspan="2">0.5</td></tr>
<tr><td>4</td><td colspan="2">防水性能</td><td colspan="2">注满水 24 h 无渗漏</td></tr>
</table>

5.3 材料

5.3.1 伸缩装置中使用的钢坯应符合 GB/T 14408、GB/T 699、GB/T 700、GB/T 1591、YB/T 2011 和 YB/T 2012 的规定；宜采用 ZG290-510(ZG22Mn)钢号；应提供该批钢坯化学成分分析报告和力学性能检验报告。

5.3.2　伸缩装置中使用的钢筋应符合 GB 1499.1、GB 1499.2 或 JTG D60、JTG D62 的规定，纵向钢筋直径宜为 16 mm～25 mm，预埋钢筋直径不宜小于 12 mm。

5.3.3　伸缩装置中使用的预制螺栓和螺母应符合 GB/T 1228、GB/T 1230、GB/T 1231 的规定，预制螺栓直径不宜小于 12 mm。

5.3.4　伸缩装置中使用的钢纤维混凝土应符合 JG/T 472 的规定，钢纤维掺量宜为 20 kg/m^3 ～50 kg/m^3。

5.3.5　伸缩装置使用的双组分溶剂型聚酯聚氨酯胶黏剂的性能应符合表 2 的要求。

表 2　双组分溶剂型聚酯聚氨酯胶黏剂性能

序号	项　　目		指　　标
1	不挥发物含量/%	A 组分	25～32
		B 组分	58～62
2	黏度/s	A 组分	40～90
		B 组分	—
3	异氰酸酯基含量/%	A 组分	—
		B 组分	11～13
4	剪切强度/MPa		≥9.0(常温)

5.3.6　伸缩装置中使用的聚氨酯耐老化聚合物的技术性能应符合表 3 的规定。

表 3　聚氨酯耐老化聚合物性能

序号	项　　目	性 能 指 标
1	拉伸强度/kPa	≥100
2	伸长率/%	≥100
3	撕裂强度/(N/cm)	≥1.8
4	干热老化后拉伸强度/kPa	≥55
5	干热老化后拉伸强度变化率/%	±30
6	湿热老化后拉伸强度/kPa	≥55
7	湿热老化后拉伸强度变化率/%	±30

5.4　尺寸偏差

5.4.1　伸缩装置中使用的钢构件按设计图纸要求加工制造，其偏差应符合设计要求。未注公差尺寸的加工件其极限偏差应符合 GB/T 1804 中Ⅴ级的规定；未注形状和位置的公差应符合 GB/T 1184 中 L 级的规定。

5.4.2　伸缩装置每单元沿长度方向的平面度公差应符合不大于 1.0 mm/m 的要求，全长平面度公差应满足不大于 5 mm/10 m 的要求，扭曲度不大于 1/1 000。

5.5 外观质量

伸缩装置使用的铸钢等外观应光洁、平整，表面不得有大于 0.3 mm 的凹坑、麻点、裂纹、结疤、气泡和夹杂，不得有机械损伤；表面长度大于 0.5 mm 的毛刺应剔除。

5.6 组装

5.6.1 伸缩装置在工厂进行试组装。

5.6.2 伸缩装置待组装的部件，应有工厂质检部门的合格标记；外购件或协作厂加工部件，应有合格证书方可进行组装，不合格构件不能进行装配。

5.6.3 在组装过程中，所用的构件应清洁，不应有碰伤。

5.6.4 凡待组装构件表面应平整、清洁，去除铁屑、毛刺、油污，除锈后，均应进行有效防护处理。

5.6.5 伸缩装置组装后，在伸缩范围内任一位置、同一断面处两边的高差：

a) 当伸缩量为 60 mm～80 mm 时，不大于 0.5 mm；

b) 当伸缩量为 80 mm～240 mm 时，不大于 1.0 mm。

5.6.6 伸缩装置在最大压缩量时，伸缩齿纵向间隙不得小于 20 mm，横向间隙不得小于 2 mm；在最大拉伸量时，伸缩齿的搭接长度为伸缩量的 10%，但不得小于 20 mm。

5.7 安装

5.7.1 伸缩装置的安装按 JT/T 327 和设计图纸的相关要求进行。

5.7.2 伸缩装置单元间的接缝按 HG/T 2814 要求使用密封材料封闭，防止漏水。

5.7.3 伸缩装置施工验收按 JTG F80/1 规定进行。

6 试验方法

6.1 整体性能试验

6.1.1 试样

试验设备应能对整体组装后的伸缩装置进行试验。如果受试验设备限制，不能对整体伸缩装置进行试验时，取单元组装试样进行试验。

6.1.2 试验方法

整体性能试验按 JT/T 327 规定的方法进行。整体试验在制造厂或专门试验机构中进行；对整体组装的伸缩装置进行性能试验时，将伸缩装置试样两边的锚固系统用定位螺栓或其他有效方法固定在试验平台上。

6.2 原材料试验

6.2.1 钢坯

钢坯的性能试验按 GB/T 1591、YB/T 2011 和 YB/T 2012 规定的方法进行；钢筋的性能试验按 GB 1499的方法进行。应将钢坯、钢筋送至有资质的检测机构进行检测。

6.2.2 双组分溶剂型聚酯聚氨酯胶黏剂

应将双组分溶剂型聚酯聚氨酯胶黏剂送至有资质的检测机构进行检测，按 JT/T 502、JT/T 892、HG/T 2814规定的方法进行试验。

6.2.3 聚氨酯耐老化聚合物

应将聚氨酯耐老化聚合物送至有资质的检测机构进行检测，按 GB/T 10802 规定的方法进行试验。

6.3 尺寸偏差

伸缩装置的尺寸偏差，采用标定的钢直尺、游标卡尺、平整度仪、水准仪等测量，取单元组装件进行量测后，并取其平均值。

6.4 外观质量

产品外观质量，采用目测方法和相应精度的量具进行检测，不合格产品可进行一次修补。

7 检验规则

7.1 检验分类

伸缩装置检验分为型式检验和出厂检验。

7.1.1 型式试验

有下列情况之一时，进行型式检验：

a) 新产品或老产品转厂生产的试制定型鉴定；

b) 正常生产后，生产设备、生产流程、工艺、材料有较大改变，可能影响产品性能时；

c) 停产一年以上，恢复生产时；

d) 重要桥梁工程或用量较大的桥梁工程用户提出要求时；

e) 正常生产连续一年或单一品种累计长度超过 5 000 m 时；

f) 国家质量监督机构要求时。

7.1.2 出厂检验

对于伸缩装置，每批产品交货前应进行检验。出厂检验由工厂质检部门进行，确认产品合格后方可出厂。出厂时，应附有产品质量合格证明文件和整体性能检验报告，并附有安装使用注意事项及说明书。

7.2 检验项目及要求

7.2.1 型式检验和出厂检验项目按表 4 的要求进行。

表 4 伸缩装置检验项目

序号	项 目 名 称	技术要求	试验方法	型式检验	出厂检验
1	外观质量	5.5	6.4	+	+
2	材料	5.3	6.2	+	+
3	尺寸偏差与组装	5.4、5.6	6.3	+	+
4	拉伸、压缩时最大水平摩阻力	表 1	6.1	+	—
5	拉伸、压缩时变位均匀性	表 1	6.1	+	—
6	拉伸、压缩时最大竖向偏差或变形	表 1	6.1	+	—
7	防水性能	表 1	6.1	+	—
注："＋"为检验项目；"—"为非检验项目。					

7.2.2 型式检验从该批正常生产产品中随机抽取 1～2 个单元进行，出厂检验从每批产品中随机抽取 2～3个单元进行。

7.3 判定规则

7.3.1 出厂检验时,若有一项指标不合格,则从该批产品中再随机抽取双倍数目的试样,对不合格项目进行复检,若仍有一项不合格,则判定该批产品不合格。

7.3.2 型式检验时,试样整体项目试验的性能指标全部符合要求时为合格。若检验项目有一项不合格,则从该批产品中再随机抽取双倍试样进行复检;若仍有一项不合格,则判定该批产品不合格。

8 标志、包装、贮存和运输

8.1 标志

伸缩装置有永久性的明显标志,其内容包括产品永久性商标、生产厂名、批号、生产日期和检验员代号。

8.2 包装

8.2.1 伸缩装置根据分类、规格及货运重量规定成套包装,可采用不同的包装方式;应捆扎包装平整、牢固可靠,如有特殊要求,可由厂方与用户协商确定。

8.2.2 在包装箱外应注明产品名称、规格、体积、重量及贮存、运输时的注意事项;箱内附有产品合格证;技术文件须用塑料薄膜装袋封口。

8.3 贮存和运输

8.3.1 贮存产品的库房须干燥通风,产品离热源应在 1 m 以上,不与地面直接接触,伸缩装置存放整齐、保持清洁,严禁与酸、碱、油类、有机溶剂等相接触,也不应露天堆放。

8.3.2 产品在运输中,避免阳光直接暴晒、雨淋、雪浸,并保持清洁,防止变形,且不能与其他有害物质相接触,注意防火。